Inhaltsverzeichnis

Liebe Leserinnen, liebe Leser!

„Fröhliche Weihnacht überall." Auf schön erleuchteten Plätzen und mit bunten Tannenbäumen geschmückten Straßen erklingen alte und neue Weihnachtslieder und stimmen uns auf die Adventszeit ein. Die kleinen Holzbuden auf den Weihnachtsmärkten laden zu einem abendlichen Bummel mit der ganzen Familie ein. Nicht nur Kinderaugen glänzen beim Anblick der liebevoll dekorierten Fenster der umliegenden Häuser, die mit ihrem hellen Lichterschein über die früh hereinbrechende Dunkelheit hinwegtrösten.
Das bevorstehende Weihnachtsfest wirft seine Schatten voraus und neben trubeligen, zuweilen hektischen Tagen gibt es auch besinnliche Stunden, die wir zu Hause in behaglicher Atmosphäre genießen. Bei Kerzenschein, Tannenduft und selbst gebackenen Plätzchen wächst die Vorfreude auf ein schönes Weihnachtsfest. Lassen Sie sich an langen Winterabenden von den neuen Deko-Ideen und selbst gebastelten Geschenken in diesem Buch inspirieren. Ausführliche Bastelanleitungen und Arbeitsfotos erleichtern Ihnen das Nacharbeiten und die individuelle Gestaltung mit weihnachtlichen Motiven gelingt mit der Servietten-Technik mühelos.

Viel Freude beim Basteln und eine besinnliche Adventszeit wünscht Ihnen

Ihre Redaktion

Servietten-Technik Grundkurs

Material:

- *Papierservietten mit gewünschtem Motiv (z. B. von Ihr)*
- *Marabu-Aqua-Mattlack*
- *Marabu-Decormatt Bastelfarbe*
- *Bastelobjekte, z. B. Töpfe*
- *Stift*
- *Gummierter Synthetikpinsel*
- *Schere*

So wird es gemacht:

1. Aus den Bastelfarben Blau und Weiß den gewünschten Blauton anmischen und den Topf damit grundieren. Die Farbe gut trocknen lassen. Wenn die Farbe beim ersten Anstrich nicht deckt, den Vorgang noch einmal wiederholen.

2. Das Serviettenmotiv mit einer kleinen Schere möglichst exakt ausschneiden. Die oberste, bedruckte Lage der Serviette vorsichtig ablösen.

3. Das Serviettenmotiv auf den Topf auflegen und die Umrisse mit einem Stift nachzeichnen.
Das Serviettenmotiv wieder abnehmen und die markierte Fläche mit weißer Bastelfarbe ausmalen (nur bei dunkler Untergrundfarbe notwendig). Die Farbe gut trocknen lassen.

4. Das Serviettenmotiv vorsichtig auf die getrocknete Grundierung legen und mit Aqua-Mattlack von der Mitte zum Rand hin einstreichen. Das Motiv gut trocknen lassen.

Tipps: • Nicht zu oft über das frisch aufgelegte Motiv streichen, da es sonst reißen kann.
• Nach Wunsch den Topf anschließend noch einmal von außen und innen lackieren, dann ist er wasserdicht und das Motiv bleibt vor Feuchtigkeit geschützt.
• Bei großflächigen Motiven die Serviette von unten nach oben auf das gewünschte Objekt aufbringen. Hierzu den Aqua-Lack auftragen und die Serviette, beginnend mit dem unteren Rand, schrittweise wie auf dem Foto auf den leicht angetrockneten, aber noch feuchten Lack aufziehen.

Servietten-Technik & lufttrocknende Modelliermasse

Material:

- *Papierservietten mit gewünschtem Motiv (z. B. von Ihr)*
- *Marabu-Aqua-Mattlack*
- *Marabu-Decormatt Bastelfarbe*
- *Lufttrocknende Modelliermasse*
- *Gummierter Synthetikpinsel*
- *Schere, Cutter*
- *Teigrolle*
- *Klarsichtfolie*

So wird es gemacht:

1. Die Modelliermasse zwischen zwei Folien ca. 3-4 mm dick ausrollen. Die Folien wieder abnehmen und die Modelliermasse auf einem Holzbrett trocknen lassen.
Sie trocknet ohne Rissbildung und ist im trockenen Zustand noch elastisch.

2. Aus der Serviette Quadrate ausschneiden. Die oberste, bedruckte Lage der Serviette abziehen.

3. Die herausgeschnittenen quadratischen Serviettenmotive mit Aqua-Mattlack auf die Modelliermasse aufziehen. Das Serviettenmotiv dazu mit einem weichen Pinsel von unten nach oben ausstreichen. Den Lack vollständig durchtrocknen lassen.

4. Die bezogene Modelliermasse auf eine Schneidematte legen und das Motiv mit einem Cutter ausschneiden. Die weißen Kanten des ausgeschnittenen Motivs mit Bastelfarbe bemalen. Die Farbe gut trocknen lassen.

Tipp: Die Modelliermasse lässt sich bis zum vollständigen Durchtrocknen in Form bringen. Die fertig modellierte und getrocknete Form kann gut mit Schmirgelpapier und einem Messer bearbeitet werden: Mit einem Messer lassen sich die unebenen Kanten begradigen und mit einem feinen Schmirgelpapier können Flächen geglättet werden, bevor die Serviettenmotive aufgebracht werden.

Servietten-Technik auf Stoff

Material:

- *Papierservietten mit gewünschtem Motiv (z. B. von Ihr)*
- *Marabu-Textil-Medium*
- *Tischsets aus Baumwolle in Cremeweiß*
- *(Phantom-)Stift zum Aufzeichnen der Serviettenmotivkonturen*
- *Gummierter Synthetikpinsel*
- *Schere*

So wird es gemacht:

1. Die Textilien müssen (falls vom Hersteller nicht anders angegeben) vorher mindestens ein Mal gewaschen sein, damit sie appretur- und weichspülerfrei sind. Glatt bügeln. Die oberste, bedruckte Lage der Serviette vorsichtig ablösen.

2. Das Serviettenmotiv mit einer kleinen Schere ausschneiden.

3. Den Stoff mit Textil-Medium an der gewünschten Stelle satt grundieren. Die Grundierung in der Größe des Serviettenmotivs mit einer Randzugabe von 1 cm auftragen. Das ausgeschnittene Serviettenmotiv direkt auf den noch feuchten Stoff legen.

4. Das Motiv ca. 1 cm über den Rand hinaus mit Textil-Medium übermalen. Den getrockneten Stoff von vorne durch ein dünnes Baumwolltuch ca. 3 Minuten bei Baumwolltemperatur bügeln.

Tipps: • Die Serviette muss vollständig auf dem Stoff kleben. Nicht zu oft über das Motiv streichen, da es im nassen Zustand schnell einreißt. Luftblasen mit dem Pinsel ausstreichen. • Abgelöste Serviettenränder können mit Marabu-Textil-Medium wieder angeklebt werden. Es hinterlässt keine sichtbaren Ränder auf dem Stoff.
• Die aufgeklebte Serviette wird durch das Fixieren mit dem Bügeleisen wieder glatt.
• Bei doppelwandigen Textilien (Tasche, Beutel u. Ä.) eine Plastikfolie zwischen die beiden Stofflagen legen, damit das Textil-Medium nicht durchschlägt. Vor dem Bügeln die Folie wieder entfernen.
• Nur schonend, von links mit Feinwaschmittel waschen; nicht wringen, heißtrocknen oder schleudern.

Servietten-Technik auf Porzellan

Material:

- *Papierservietten mit gewünschtem Motiv (z. B. von Ihr)*
- *Marabu-Porzellan-Medium*
- *Porzellan- oder Glasgegenstände*
- *(Phantom-)Stift zum Aufzeichnen der Serviettenmotivkonturen*
- *Gummierter Synthetikpinsel*
- *Schere*

So wird es gemacht:

1. Die oberste, bedruckte Schicht der Serviette vorsichtig ablösen.

2. Das gewünschte Serviettenmotiv mit einer handlichen, kleinen Bastelschere exakt herausschneiden.

3. Die Gegenstände gründlich spülen, damit sie fett- und staubfrei sind. Zusätzlich die zu beklebenden Stellen vorher mit Spiritus reinigen und anschließend nicht mehr mit den Fingern berühren.
Die ausgeschnittenen Serviettenmotive auf den Kaffeebecher legen und mit Porzellan-Medium einstreichen.

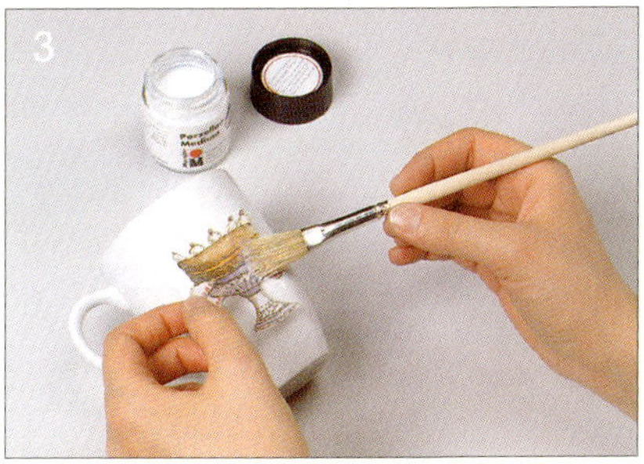

4. Darauf achten, dass das Motiv und vor allem dessen Ränder besonders sorgfältig eingestrichen werden. Mindestens 4 Stunden trocknen lassen.

5. Danach den Gegenstand in den kalten Backofen stellen und auf 170°C hochheizen. Dann das Motiv 30 Minuten bei konstant 170°C im Backofen einbrennen. Den Ofen ausschalten und den Gegenstand darin auskühlen lassen.

Tipps: • Die Motive nur von außen aufbringen, damit die Gegenstände lebensmittelecht bleiben.
• Zum Markieren der Konturen des Motivs auf dem Gegenstand kann auch ein Phantomstift verwendet werden. Die Konturen des Motivs damit aufmalen und diese Fläche mit dem Medium bestreichen. Die Konturen des Phantomstiftes verschwinden nach einigen Minuten von selbst.
• Das Geschirr nur von Hand schonend abwaschen.

Der Antik-Effekt – Servietten-Technik & Krakelieren

Material:

- *Papierservietten mit gewünschtem Motiv (z. B. von Ihr)*
- *Marabu-Krakelee-Medium*
- *Marabu-Aqua-Mattlack*
- *Marabu-Decormatt Bastelfarbe in verschiedenen Farben*
- *Metalldose*
- *Gummierter Synthetikpinsel*
- *Schere*

So wird es gemacht:

1. Die Dose mit Bastelfarbe blau grundieren und vollständig trocknen lassen. Wenn die Farbe beim ersten Anstrich nicht vollständig deckt, den Vorgang noch einmal wiederholen.

2. Um der Dose einen antiken Charakter zu verleihen, wird sie dünn mit Krakelee-Medium eingestrichen. Den Lack – je nach Dicke des Farbauftrags – mindestens 2-5 Stunden gut trocknen lassen oder vorsichtig trocken fönen.

3. Anschließend die Dose mit weißer Bastelfarbe gleichmäßig und zügig bemalen. Der Krakelee-Effekt tritt sofort ein. Die Farbe mindestens eine Stunde trocknen lassen.

4. Die getrocknete Dose nach Wunsch mit ausgeschnittenen Serviettenmotiven bekleben oder einfach nur im antiken Charakter belassen. Eventuell die Dose danach zum Schutz ein weiteres Mal mit Aqua-Mattlack lackieren.

Tipps: • Je dicker der weiße Farbauftrag, umso größer die Risse. Für eine feine Rissbildung muss diese Farbe dünn aufgetragen werden. Durch die Streichrichtung der Farbe kann der Charakter des Krakelee-Effekts beeinflusst werden.
- Die oberste Farbschicht nur einmal auftragen, eine Übermalung der noch feuchten Farbe würde den Krakelee-Effekt zerstören.
- Der Krakelee-Effekt ist auch ohne Grundierung zu erzielen.

Wieder ablösbar – Servietten-Technik & Window-Color

Material:

- *Papierservietten mit gewünschtem Motiv (z. B. von Ihr)*
- *Marabu fun & fancy Window Color Kristallklar*
- *Klarsichthülle*
- *Lineal*
- *Schere*

So wird es gemacht:

1. Auf die Klarsichthülle eine dünne Schicht Window Color Kristallklar auftragen. Damit die erste Schicht möglichst gleichmäßig ist, diese mit einem Lineal vorsichtig abziehen. Das Lineal sofort unter fließendem Wasser reinigen.

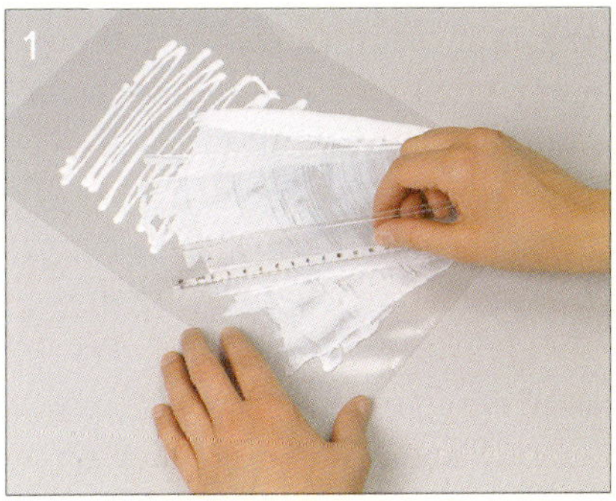

2. Das Serviettenmotiv mit einer Schere grob ausschneiden und die oberste, bedruckte Lage vorsichtig ablösen. Die hauchdünne Serviettenlage nun plan auf die noch nasse Fläche legen. Hierzu das untere Drittel der Serviette auflegen und vorsichtig mit den Fingern nach oben glatt streichen. Das feine Papier saugt sich mit Window Color Kristallklar voll. Trocknen lassen.

3. Das vollständig durchgetrocknete Bild wird mit einer weiteren Schicht Window Color Kristallklar übermalt, die ebenfalls gleichmäßig mit dem Lineal abgezogen wird (siehe Punkt 1). Das Motiv vollständig durchtrocknen lassen.

4. Das eingegossene und gut getrocknete Motiv möglichst exakt ausschneiden und vorsichtig von der Folie abziehen. Das so vorbereitete Bild durch leichtes Andrücken auf das gewünschte Objekt aufbringen.

Tannenbäumchen in Festtagsstimmung

Material:

- *Servietten Christmas Tartan green (L 79820, von Ihr)*
- *Marabu-Textil-Medium*
- *Tischband aus Baumwolle in Weiß, 16 cm breit*
- *Plastikfolie*
- *Haarpinsel*
- *Schere*

So wird es gemacht:

1. Das Tischband gründlich von Hand ohne Weichspüler waschen, trocknen lassen und anschließend bügeln. Anweisung des Herstellers beachten.

2. Die unterschiedlichen Weihnachtsmotive exakt aus der Serviette ausschneiden und die oberste, bedruckte Lage vorsichtig ablösen.

3. Das Tischband auf einem Stück Folie ausbreiten.

4. Den Stoff an den gewünschten Stellen mit Textil-Medium satt grundieren. Die Grundierung wird in der Größe des jeweiligen Serviettenmotivs mit einer Randzugabe von ca. 1 cm aufgetragen.

5. Die Serviettenmotive direkt auf den feuchten Stoff legen, mit Textil-Medium einstreichen und vorsichtig glatt streichen. Die Ränder müssen besonders sorgfältig übermalt werden. Anschließend den Stoff gut trocknen lassen.

6. Das getrocknete Tischband von vorn durch ein dünnes Tuch ca. 3 Minuten bei Baumwolltemperatur bügeln. Nach dieser Fixierung kann das Tischband schonend von Hand gewaschen werden.

Siehe hierzu auch „Servietten-Technik auf Stoff" auf Seite 4.

Tipp: Ist das Tischband sehr lang, dieses am besten auf ein Bügelbrett legen und die Motive abschnittweise aufbringen. Die fertiggestellten Abschnitte immer gut trocknen lassen, damit sich die feuchten Motive nicht miteinander verkleben.

Für die große Weihnachtstafel

Material:

- *Servietten Christmas Tartan green (L 79820, von Ihr)*
- *Marabu-Aqua-Seidenmattlack*
- *Marabu-Fun Liner Magic in Rubinrot*
- *Marabu-Fun Liner Glitter in Gold*
- *Satingeschenkband in Rot*
- *Fotokarton in Weiß*
- *Klebepads*
- *Haarpinsel*
- *Schere*
- *Cutter*
- *Klebstoff*

So wird es gemacht:

Serviettenring

1. Die Motive grob aus der Serviette ausschneiden und die oberste, bedruckte Lage vorsichtig ablösen. Einige Schleifen separat arbeiten. Den Fotokarton mit Aqua-Seidenmattlack einstreichen. Die Serviettenmotive auf den leicht angetrockneten, aber noch feuchten Lack legen und vorsichtig glatt streichen. Trocknen lassen, die Motive danach möglichst exakt ausschneiden.

2. Einzelne Kanten und Nähte auf den Motiven mit Fun Liner Magic nachziehen, ca. 6 Stunden trocknen lassen. Danach die Plusterfarbe mit einem leistungsstarken Haartrockner (höchste Stufe/mind. 1300 W) erhitzen, bis sie matt und reliefartig aufschäumt. Die Stern- und Baummotive mit Fun Liner Glitter bemalen, trocknen lassen. Die einzelnen Schleifenmotive mit Klebepads exakt über das erste Motiv kleben. Die fertigen Motive mit Alleskleber an den Geschenkbandenden befestigen und das so gestaltete Band dekorativ um die Serviette wickeln.

Platzkarten

1. Die Serviettenviertel ausschneiden und die oberste, bedruckte Lage vorsichtig ablösen. Einige Schleifen separat arbeiten. Den Fotokarton mit Aqua-Seidenmattlack einstreichen. Die Serviettenmotive auf den leicht angetrockneten, aber noch feuchten Lack legen und vorsichtig glatt streichen. Trocknen lassen.

2. Die Motive wie unter Punkt 2 der Serviettenringe beschrieben mit Fun Liner Magic und Fun Liner Glitter dekorieren. Dann die einzelnen Schleifenmotive mit Klebepads exakt über das erste Motiv kleben.

3. Mit dem Cutter die obere Hälfte der Sterne und Bäume vorsichtig ausschneiden. Die Karten nun mittig so falzen, dass das Motiv ungeknickt heraussteht. Die aufgestellten Karten mit kleinen Namensschildern versehen.

Siehe hierzu auch „Servietten-Technik Grundkurs" auf Seite 2.

Weihnachtlicher Willkommensgruß

Material:

- *Servietten Symbols of the Season red (XL 28410, von Ihr)*
- *Marabu-Aqua-Mattlack*
- *Marabu-Fun Liner Glitter in Gold*
- *Fotokarton in Weiß*
- *Tannenkranz*
- *Klebepads*
- *Schleifenbänder in verschiedenen Farben*
- *Haarpinsel*
- *Schere*

So wird es gemacht:

1. Das Serviettenmotiv mit einer kleinen Schere grob ausschneiden. Die oberste, bedruckte Lage vorsichtig ablösen. Dann die Serviette mit Aqua-Mattlack auf den Fotokarton aufziehen.

2. Da mehrere Motive benötigt werden, das Serviettenmotiv gleich mehrmals auf Fotokarton aufziehen.

3. Nach dem Trocknen die Weihnachtsmotive möglichst exakt mit einer kleinen Schere aus dem Karton ausschneiden.

4. Einige Motive erhalten zusätzlich einen 3D-Effekt. Hierzu passende Motive (z. B. Sterne, Tannen, Herzen usw.) aus dem Fotokarton ausschneiden, auf der Rückseite mit Klebepads versehen und an der gewünschten Stelle auf die Anhänger kleben.

5. Mit Marabu-Fun Liner Glitter einzelne Motivkonturen nachmalen, die Farbe gut trocknen lassen.

6. Die Anhänger lochen und mit bunten Schleifenbändern verzieren, anschließend an dem Tannenkranz befestigen.

Siehe hierzu auch „Servietten-Technik Grundkurs" auf Seite 2.

Tipp: Den Abstand der Pads zum Untergrund können Sie vergrößern, indem Sie zwei oder drei einzelne Pads aufeinander kleben.
Schöne Effekte können Sie außerdem erzielen, wenn Sie einzelne Motivteile (wie z. B. die Christbaumkugeln) mit den Plusterfarben der Marabu-Fun Liner Magic dekorieren.
Die Angaben der Hersteller beachten.

„Hast du denn das Säcklein auch bei dir?"

Material:

- *Servietten Santa cream (L 79660, von Ihr)*
- *Marabu-Textil-Medium*
- *Marabu-Fun Liner Magic in Weiß*
- *Matchbeutel aus Baumwolle*
- *Stoffreste*
- *Knöpfe*
- *Plastikfolie*
- *Haarpinsel*
- *Nadel*
- *Faden*
- *Schere*

So wird es gemacht:

1. Die Matchbeutel gründlich von Hand ohne Weichspüler waschen, trocknen lassen und anschließend bügeln. Anweisung des Herstellers beachten.

2. Die unterschiedlichen Nikolausmotive exakt aus der Serviette ausschneiden und die oberste, bedruckte Lage vorsichtig ablösen.

3. Plastikfolie in die Beutel einlegen, dann an den gewünschten Stellen Textil-Medium in der Größe des Serviettenmotivs mit einer Randzugabe von 1 cm auftragen.

4. Die Serviettenmotive auflegen, mit Textil-Medium einstreichen und vorsichtig glatt streichen. Die Ränder müssen besonders sorgfältig eingestrichen werden. Den Stoff gut trocknen lassen.

5. Die Folie entfernen, dann die getrockneten Nikolaussäcke zum Fixieren von vorn durch ein dünnes Tuch ca. 3 Minuten bei Baumwolltemperatur bügeln.

6. Nach Wunsch z. B. Bommel und Mützenbesatz des Nikolauses mit Marabu-Fun Liner Magic in Weiß bemalen. Gut trocknen lassen, dann den Beutel auf einer weichen Unterlage von hinten bei Baumwolltemperatur bügeln, bis die Farbe matt und reliefartig aufschäumt.

7. Die Beutel anschließend zusätzlich mit aufgenähten Stoffherzen und bunten Knöpfen verzieren.

Siehe hierzu auch „Servietten-Technik auf Stoff" auf Seite 4.

Tipp: Die Beutel nur von Hand mit einem milden Feinwaschmittel waschen. Nicht schleudern oder wringen. Abgelöste Serviettenränder können mit Marabu-Textil-Medium wieder angeklebt werden. Gebrauchsanweisung des Herstellers beachten.

Zum Kuscheln und Träumen

Material:

- *Servietten Santa Bear cream (A-L 0420, von Ihr)*
- *Marabu-Textil-Medium*
- *Marabu-Fun Liner Glitter in Gold*
- *Marabu-Fun Liner Magic in Weiß und Zitron*
- *Baumwollstoff in Weiß (Reststück)*
- *Nähgarn in Weiß*
- *Füllwatte*
- *Plastikfolie*
- *Haarpinsel*
- *Schere*

So wird es gemacht:

1. Den Stoff von Hand auswaschen, gut trocknen lassen und anschließend glatt bügeln. Zwei Quadrate von ca. 42 x 42 cm (inkl. Nahtzugabe) zuschneiden.

2. Die oberste, bedruckte Lage der Serviette abziehen.

3. Die Stoffquadrate auf einem Stück Folie ausbreiten. Den Stoff an der gewünschten Stelle mit Textil-Medium satt grundieren. Die Grundierung mit einer Randzugabe von 1 cm um das Motiv auftragen. Die Serviettenmotive direkt auf den feuchten Stoff legen, mit einem weichen Pinsel etwas andrücken. Die Servietten müssen vollständig auf dem Stoff kleben; Luftblasen mit dem Pinsel ausstreichen.

4. Die Motive nochmals ca. 1 cm über den Rand hinaus mit Textil-Medium übermalen. Gut trocknen lassen, dann die Plastikfolie entfernen. Zum Fixieren den getrockneten Stoff von vorn durch ein dünnes Tuch bei Baumwolltemperatur ca. 3 Minuten bügeln. Die aufgeklebte Serviette wird durch das Fixieren mit dem Bügeleisen wieder glatt.

5. Sterne und Serviettenrand mit Fun Liner Glitter nachmalen, gut trocknen lassen. Zum Fixieren jede bemalte Stelle von vorn durch ein dünnes Tuch 3 Minuten bei Baumwolltemperatur bügeln. Nach Wunsch Bommel und Mützenbesatz des Teddys und die Kerzenflammen mit Fun Liner Magic nachmalen. Trocknen lassen, dann das Kissen auf einer weichen Unterlage von hinten bei Baumwolltemperatur bügeln, bis die Farbe matt und reliefartig aufschäumt.

6. Die beiden Quadrate rechts auf rechts legen und zusammenstecken. Die Ränder mit der Nähmaschine säumen, eine Öffnung zum Füllen belassen. Das Kissen wenden und mit Füllwatte füllen. Danach die Öffnung von Hand vernähen.

Siehe hierzu auch „Servietten-Technik auf Stoff" auf Seite 4.

Tipp: Das Kissen nur schonend von Hand waschen, nicht schleudern oder wringen. Abgelöste Serviettenränder können mit Marabu-Textil-Medium wieder angeklebt werden. Gebrauchsanweisung des Herstellers beachten.

Weihnachten werden Wünsche wahr

Material:

- *Servietten Santa Bear (A-L 0420, von Ihr)*
- *Marabu-Aqua-Mattlack*
- *Fotokarton*
- *Papierrolle zum Bemalen*
- *Klebepads*
- *Haarpinsel*
- *Schere*

So wird es gemacht:

1. Die Serviettenmotive mit einer kleinen Schere grob ausschneiden. Die oberste, bedruckte Lage der Serviette vorsichtig ablösen. Dann die Serviettenmotive mit Aqua-Mattlack auf den Fotokarton aufziehen.

2. Da mehrere Motive benötigt werden, die Serviettenmotive gleich mehrmals auf Fotokarton aufziehen.

3. Nach dem Trocknen die Weihnachtsmotive möglichst exakt mit einer kleinen Schere aus dem Karton ausschneiden.

4. Die Klebepads auf der Rückseite des Motivs anbringen. Dabei die Pads an den Rändern fast fortlaufend verkleben, so dass keine allzu großen Lücken entstehen.

5. Das Papier auf der Rolle ein Stück abrollen und die Motive an den gewünschten Stellen aufkleben. Den Abstand der Pads zum Untergrund können Sie dabei nach Wunsch vergrößern, indem Sie zwei oder drei einzelne Pads aufeinander kleben. Die Angaben des Herstellers beachten.

6. Die fertige Wunschliste an der Tür oder an der Wand befestigen.

Siehe hierzu auch „Servietten-Technik Grundkurs" auf Seite 2.

Tipp: Schöne plastische Effekte können Sie erzielen, wenn Sie die Besätze an der Teddy-Kleidung mit Marabu-Fun Liner Magic in Weiß verzieren. Trocknen lassen, dann die Plusterfarbe bei 150°C im vorgeheizten Backofen kurz erhitzen, bis sie matt und reliefartig aufschäumt.

Spiel
Hund
Mountain
Bike

In einer sternenklaren Winternacht

Material:

- *Servietten Silent Night red (L 78210, von Ihr)*
- *Marabu fun & fancy Window Color in Kristallklar, Weiß, Saftgrün, Kirschrot*
- *Bilderrahmen aus Holz*
- *Klarsichthülle*
- *Sprühschnee*
- *Goldsterne*
- *Lineal*
- *Schere*

So wird es gemacht:

1. Die Serviettenmotive mit der Schere ausschneiden und die oberste, bedruckte Lage vorsichtig ablösen.

2. Eine dünne Schicht Window Color in Weiß auf die Klarsichthülle auftragen. Damit die erste Schicht möglichst gleichmäßig ist, wird diese mit einem Lineal vorsichtig abgezogen. Lineal sofort unter fließendem Wasser reinigen.

3. Die hauchdünne Serviettenlage nun plan auf die noch nasse Fläche legen. Das feine Papier saugt sich mit Window Color voll. Gut trocknen lassen.

4. Das trockene Bild mit einer Schicht Window Color Kristallklar übermalen und diese ebenfalls gleichmäßig mit dem Lineal abziehen. Alles gut trocknen lassen.

5. Den Bildrand zusätzlich mit Window Color in Grün und Rot verzieren. Die Randverzierung ebenfalls gut trocknen lassen.

6. Die Rückwand aus dem jeweiligen Bilderrahmen herausnehmen und mit Sprühschnee besprühen. Gut trocknen lassen. Die fertige Rückwand nach Wunsch noch mit Goldsternen verzieren, danach in den Holzrahmen einlegen.

7. Nun das eingegossene Motiv möglichst exakt ausschneiden. Anschließend wird es vorsichtig von der Folie abgezogen und durch leichtes Andrücken auf die Glasscheibe aufgebracht.

Siehe hierzu auch „Wieder ablösbar – Servietten-Technik & Window Color" auf Seite 7.

Kristall-Vase im Edel-Look

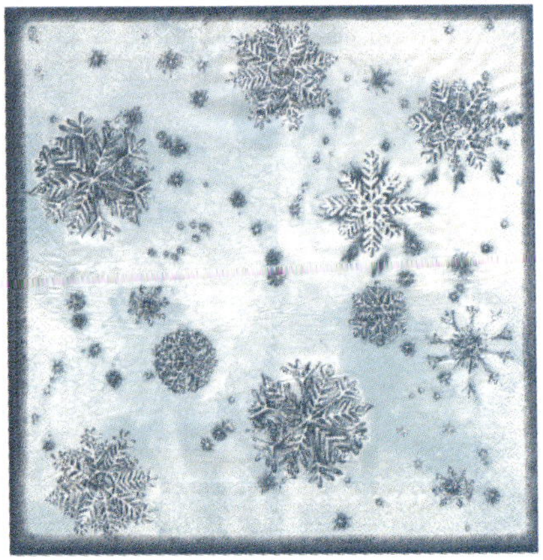

Material:

- *Servietten Ice Crystals pearl blue (L 79194, von Ihr)*
- *Marabu-Aqua-Mattlack*
- *Marabu-Decormatt Bastelfarbe in Weiß, Zartblau und Bayrischblau*
- *Marabu-Fun Liner Glitter in Silber*
- *Marabu-Fun Liner Magic in Weiß*
- *Viereckige Glasvase*
- *Spiritus*
- *Schwamm*
- *Haarpinsel*
- *Schere*

So wird es gemacht:

1. Die Glasvase mit Spiritus von Fett- und Staubrückständen befreien.

2. Anschließend mit einem Schwamm Bastelfarbe in Weiß, Zartblau und Bayrischblau auf die Glasflächen auftupfen. Die Farbe gut trocknen lassen.

3. Die Serviettenmotive mit einem feuchten dünnen Pinsel grob umreißen, anschließend aus der Serviette ausreißen und die oberste, bedruckte Lage vorsichtig abziehen.

4. Die Glasflächen an den gewünschten Stellen mit Aqua-Mattlack einstreichen und die Serviettenmotive auflegen. Die Motive nochmals mit Aqua-Mattlack einstreichen und mit einem weichen Pinsel glatt streichen. Alles gut trocknen lassen.

5. Zum Schluss die Glasvase zum besseren Schutz nochmals mit Aqua-Mattlack lackieren und ebenfalls gut trocknen lassen.

6. Mit Fun Liner Glitter in Silber die Eiskristalle nachziehen. Die Farbe mindestens 6 Stunden trocknen lassen. Anschließend mit Fun Liner Magic in Weiß Schneeflocken auf die Glasvase malen. Die Plusterfarbe ebenfalls 6 Stunden trocknen lassen.

7. Zum Aufschäumen der Plusterfarbe die Vase in den auf 150°C vorgeheizten Backofen stellen und ca. 3 Minuten bei konstanter Temperatur erhitzen. Die Farbe schäumt matt und reliefartig auf und ist danach grifffest und unempfindlich gegen Feuchtigkeit.

8. Die Vase mit Wasser füllen und mit den gewünschten Blumen dekorieren.

Siehe hierzu auch „Servietten-Technik Grundkurs" auf Seite 2.

Fröhliche Eiszeit

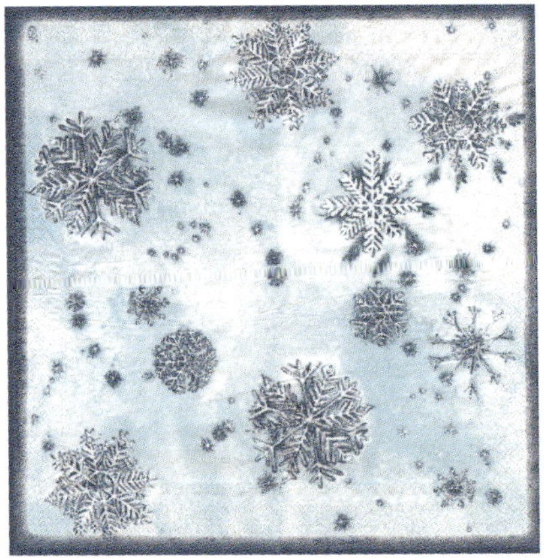

Material:

- *Servietten Ice Crystals pearl blue (L 79194, von Ihr)*
- *Marabu-Aqua-Seidenmattlack*
- *Marabu-Fun Liner Glitter in Silber*
- *Tischsets, ca. 38 x 48 cm groß*
- *Plastikfolie*
- *Haarpinsel*
- *Schere*

So wird es gemacht:

1. Die Motive mit einer Schere möglichst exakt aus der Serviette ausschneiden und die oberste, bedruckte Lage vorsichtig abziehen.

2. Die Sets auf Plastikfolie auslegen und an den gewünschten Stellen satt mit Textil-Medium einstreichen. Die Grundierung mit einer Randzugabe von ca. 1 cm um das jeweilige Serviettenmotiv auftragen.

3. Die Eiskristallmotive direkt auf den noch feuchten Stoff legen und vorsichtig mit einem breiten Pinsel andrücken.

4. Nun die Motive nochmals mit dem Textil-Medium bis 1 cm über den Motivrand hinaus vorsichtig einpinseln. Die Serviette muss vollständig auf dem Stoff kleben. Gut trocknen lassen.

5. Zum Fixieren den getrockneten Stoff von vorn durch ein dünnes Tuch ca. 3 Minuten bei Baumwolltemperatur bügeln.

6. Anschließend die Eiskristalle mit Fun Liner Glitter in Silber nachmalen. Ebenfalls mit Fun Liner Glitter in Silber zusätzliche Sterne und Punkte auf die Sets malen. Die Farbe mindestens 6 Stunden trocknen lassen, dann die bemalten Stellen ebenfalls von vorn durch ein dünnes Tuch ca. 3 Minuten bei Baumwolltemperatur bügeln.

Siehe hierzu auch „Servietten-Technik auf Stoff" auf Seite 4.

Tipp: Die Sets nur schonend mit Feinwaschmittel von Hand waschen. Nicht schleudern oder wringen. Abgelöste Serviettenränder können mit Marabu-Textil-Medium wieder angeklebt werden. Die Gebrauchsanleitung des Herstellers beachten.

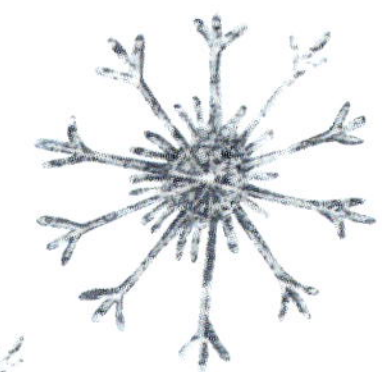

Ganz anhänglich

Material:

- *Servietten Rudolph The Reindeer green (XL 28620, von Ihr)*
- *Marabu-Aqua-Seidenmattlack*
- *Marabu-Fun Liner Magic in Rubinrot, Mittelgelb, Saftgrün*
- *Modelliermasse Keramiplast light (von Lyra)*
- *Fotokarton in Weiß*
- *Kuchenrolle*
- *Klarsichtfolie*
- *Alleskleber*
- *Blumendraht*
- *Klebepads*
- *Zange*
- *Haarpinsel*
- *Schere/Cutter*

So wird es gemacht:

1. Die Modelliermasse weich kneten und zwischen zwei Lagen Klarsichtfolie 3-5 mm dick ausrollen. Die Folien abziehen und die Modelliermasse gut trocknen lassen.

2. Aus der Modelliermasse vorsichtig mit dem Cutter ca. 6 x 6 cm große Stücke ausschneiden. Die Weihnachtsmotive aus der Serviette mit einer Randzugabe ausschneiden und die oberste, bedruckte Lage vorsichtig ablösen.

3. Die vorbereitete Modelliermasse punktuell mit Aqua-Seidenmattlack einstreichen, um die Motive zu fixieren. Die Motive auf den noch feuchten Lack legen und vorsichtig überstreichen. Dabei werden auch die Kanten mit dem Motiv bezogen. Jetzt das ganze Motiv nochmals mit Aqua-Seidenmattlack lackieren. Dabei stets von der Motivmitte zum Rand hin streichen. Alles gut trocknen lassen.

4. Die Anhänger an den Kanten mit Fun Liner Magic in Rot, Gelb oder Grün verzieren. Die Plusterfarbe ca. 6 Stunden trocknen lassen, dann die Anhänger bei konstant 150°C im vorgeheizten Backofen ca. 3 Minuten erhitzen, bis die Farbe matt und reliefartig aufschäumt.

5. Für den 3D-Effekt weitere Motive aus der Serviette grob ausschneiden und die oberste, bedruckte Lage vorsichtig ablösen. Den Fotokarton mit Aqua-Seidenmattlack einstreichen. Die Serviettenmotive auf den leicht angetrockneten, aber noch feuchten Lack legen und vorsichtig glatt streichen. Trocknen lassen. Die Motive dann möglichst exakt ausschneiden.

6. Nun die vorbereiteten Motive mit Klebepads exakt über die schon aufgebrachten Motive der Anhänger kleben. Durch den oberen Rand vorsichtig zwei Löcher bohren und die Baumanhänger mit Blumendraht aufhängen.

Siehe hierzu auch „Servietten-Technik & lufttrocknende Modelliermasse" auf Seite 3.

Kunterbunter Adventskalender in Tüten

Material:

- *Servietten Rudolph the Reindeer green (XL 28620, von Ihr)*
- *Marabu-Aqua-Seidenmattlack*
- *Marabu-Fun Liner Glitter in Gold*
- *Papiertüten aus Kraftpapier*
- *Geschenkband in Rotkariert*
- *Alleskleber*
- *Haarpinsel*
- *Zierwellenschere*
- *Schere*

So wird es gemacht:

1. Den oberen Rand der Papiertüten mit der Zierwellenschere auf die gewünschte Länge kürzen.

2. Die unterschiedlichen Motive aus der Serviette ausschneiden und die oberste, bedruckte Lage vorsichtig ablösen.

3. Ein Stück weißen Karton in die Tüte einlegen, damit diese nicht zusammenkleben kann.

4. Die Papiertüte mit Aqua-Seidenmattlack an den entsprechenden Stellen einstreichen. Die Serviettenmotive auf den leicht angetrockneten, aber noch feuchten Lack legen und vorsichtig glatt streichen. Trocknen lassen. Danach kann der eingelegte Karton wieder entfernt werden.

5. Anschließend die Zahlen mit Fun Liner Glitter in Gold auf die vorbereiteten Papiertüten schreiben. Die Goldkonturen mindestens 6 Stunden trocknen lassen.

6. Die Adventstüten werden zusätzlich mit kleinen Schleifen verziert, die mit Alleskleber aufgeklebt werden.

7. Die fertigen Adventstüten können mit Holzwäscheklammern an eine Leine gehängt werden.

Siehe hierzu auch „Servietten-Technik Grundkurs" auf Seite 2.

Tipp: Sie können einzelne Motivteile, wie z. B. die Christbaumkugeln oder die roten Beeren am Ilex, plastisch hervorheben, indem Sie sie mit Marabu-Fun Liner Magic in der entsprechenden Farbe nachmalen. Die Plusterfarbe gut trocknen lassen, dann im vorgeheizten Backofen bei 150°C kurz erhitzen, bis sie matt und reliefartig aufschäumt.

17
5
13
21

Romantisch verspielte Weihnachtskugeln

Material:

- *Servietten Nostalgic Christmas cream red (L 78661, von Ihr)*
- *Marabu-Aqua-Mattlack*
- *Marabu-Krakelee-Medium*
- *Marabu-Decormatt Bastelfarbe in Elfenbein und Taubenblau*
- *Marabu-Fun Liner Glitter in Silber*
- *Weihnachtskugeln in Silber, matt*
- *Alleskleber*
- *Haarpinsel*
- *Schere*

So wird es gemacht:

1. Das Krakelee-Medium gleichmäßig auf die Kugeln streichen und trocknen lassen. Eventuell vorsichtig trocken föhnen.

2. Bastelfarbe in Elfenbein oder Taubenblau zügig darüber streichen. Die Farbe nur in einer Pinselrichtung auftragen, um eine gleichmäßige Rissbildung zu erzielen. Der Krakelee-Effekt entsteht nach wenigen Minuten. Die Kugeln mindestens 1 Stunde trocknen lassen.

3. Die Weihnachtsmotive exakt aus der Serviette ausschneiden und die oberste, bedruckte Lage vorsichtig ablösen.

4. Nun den Aqua-Mattlack punktuell auf die vorbereiteten Kugeln aufstreichen, um die Motive an den gewünschten Stellen zu fixieren.

5. Die Motive auf den leicht angetrockneten, aber noch feuchten Lack legen und mit dem Pinsel andrücken.

6. Jetzt alle Motive nochmals mit Aqua-Mattlack lackieren, dabei nicht über den Motivrand hinaus streichen. Stets von der Motivmitte zum Rand hin streichen. Trocknen lassen.

7. Die Kugeln mit Fun Liner Glitter in Silber verzieren, trocknen lassen und zum Schluss mit Geschenkband dekorieren.

Siehe hierzu auch „Der Antik-Effekt – Servietten-Technik & Krakelieren" auf Seite 6.

Tipp: Der Krakelee-Effekt ist auch mit einer Grundierung aus Decormatt oder Decorlack zu erzielen.

Nostalgische Weihnachtsgrüße

So wird es gemacht:

1. Die unterschiedlichen Motive grob aus der Serviette ausschneiden und die oberste, bedruckte Lage vorsichtig ablösen.

2. Den Fotokarton mit Aqua-Seidenmattlack einstreichen. Die Serviettenmotive auf den leicht angetrockneten, aber noch feuchten Lack legen und vorsichtig glatt streichen. Trocknen lassen.

3. Die gut getrockneten Motive möglichst exakt ausschneiden.

4. Auf die Kartenvorderseite einige Streusterne in Gold kleben. Das farbige Geschenkband entsprechend der Kartengröße mit einer Zugabe abschneiden und um die Kartenvorderseite legen. Die Enden auf der Rückseite mit Alleskleber festkleben.

5. Die vorbereiteten Motive mit Alleskleber auf dem Geschenkband fixieren und trocknen lassen. Die Karte kann zusätzlich noch mit einer Schleife dekoriert werden.

Siehe hierzu auch „Servietten-Technik Grundkurs" auf Seite 2.

Material:

- *Servietten Nostalgic Christmas cream red (L 78661, von Ihr)*
- *Marabu-Aqua-Seidenmattlack*
- *Geschenkband in Rot und Grün*
- *Fotokarton in Weiß*
- *Streusterne in Gold*
- *Klappkarten*
- *Alleskleber*
- *Haarpinsel*
- *Schere*

Lustige Lichtgestalten

Material:

- *Servietten Catching Snowflakes light blue (L 78149, von Ihr)*
- *Marabu-Aqua-Mattlack*
- *Marabu-Decormatt Bastelfarbe in Weiß und Arktis*
- *Dekosand in Silber (grob)*
- *Kerzen in verschiedenen Farben*
- *Tontöpfe*
- *Haarpinsel*
- *Schere*

So wird es gemacht:

1. Die Töpfe mit Decormatt-Bastelfarbe in Arktis streichen und gut trocknen lassen. Falls nötig, eine zweite Farbschicht aufbringen.

2. Mit dem Pinsel die vorgestrichenen Töpfe mit weißer Bastelfarbe locker besprenkeln. Gut trocknen lassen.

3. Die Schneemänner aus der Serviette ausschneiden und die oberste, bedruckte Lage vorsichtig ablösen.

4. Auf die vorbereiteten Töpfe nun punktuell Aqua-Mattlack aufstreichen, um das Motiv an der gewünschten Stelle zu fixieren.

5. Das Motiv auf den leicht angetrockneten, aber noch feuchten Lack legen und mit dem Pinsel andrücken.

6. Jetzt das ganze Motiv nochmals mit Aqua-Mattlack lackieren. Dabei stets von der Motivmitte zum Rand hin streichen. Trocknen lassen.

7. Die Töpfe mit Dekosand in Silber füllen und die gekürzten Kerzen hineinstecken.

Siehe hierzu auch „Servietten-Technik Grundkurs" auf Seite 2.

Tipp: Sie können einzelne Motivteile, wie z. B. die Schneemannnasen, Bommeln oder Mützenbesätze, plastisch hervorheben, indem Sie sie mit Marabu-Fun Liner Magic in der entsprechenden Farbe nachmalen. Die Plusterfarbe gut trocknen lassen, dann im vorgeheizten Backofen bei 150°C kurz erhitzen, bis sie matt und reliefartig aufschäumt.

Väterchen Frost gibt sich die Ehre

Material:

- *Servietten Catching Snowflakes light blue (L 78149, von Ihr)*
- *Marabu-Porzellan-Medium*
- *Marabu-Porzellanfarbe in Weiß*
- *Teller und Schüssel aus Glas*
- *Haarpinsel*
- *Spiritus*
- *Schere*

So wird es gemacht:

1. Die Glasgegenstände spülen und mit Spiritus reinigen, damit sie staub- und fettfrei sind.

2. Die ausgewählten Motive exakt aus der Serviette ausschneiden und die oberste, bedruckte Lage vorsichtig ablösen.

3. Die ausgeschnittenen Serviettenmotive von hinten gegen den Teller legen und mit Porzellan-Medium gründlich lackieren. Die Ränder müssen besonders sorgfältig eingestrichen werden.

4. Den Glasteller mindestens 4 Stunden trocknen lassen.

5. Die Motive von hinten mit weißer Porzellanfarbe hinterlegen und mit dem Pinsel von hinten locker den Teller bespritzen und besprenkeln.

6. Die getrockneten Gegenstände mit der gestalteten Seite nach oben in den kalten Backofen stellen und auf 170°C hochheizen. Dann das Motiv 30 Minuten bei konstanter Temperatur einbrennen. Anschließend die Gegenstände im Ofen auskühlen lassen.

Siehe hierzu auch „Servietten-Technik auf Porzellan" auf Seite 5.

Tipp: Geschirr nur von Hand schonend abwaschen. Nicht für den täglichen Gebrauch geeignet.

Schlicht und schön

Material:

- *Servietten Etoile de Noël cream green (L 77662, von Ihr)*
- *Marabu-Aqua-Mattlack*
- *Marabu-Decormatt Bastelfarbe in Vanille und Metallic-Gold*
- *Marabu-Krakelee-Medium*
- *Terrakotta-Übertöpfe*
- *Schwamm*
- *Haarpinsel*
- *Schere*

So wird es gemacht:

1. Die Terrakotta-Töpfe mit Bastelfarbe in Metallic-Gold grundieren und gut trocknen lassen oder vorsichtig trocken föhnen.

2. Auf die Töpfe das Krakelee-Medium gleichmäßig auftragen und ebenfalls gut trocken föhnen. Den oberen Rand der Töpfe dabei aussparen.

3. Mit einem Schwamm die Bastelfarbe in Vanille zügig auf die Töpfe auftragen. Den oberen Rand des Topfes jedoch nicht mit Farbe betupfen. Der Krakelee-Effekt tritt sofort ein. Die Farbe mindestens eine Stunde trocknen lassen. Je dicker die Farbschicht aufgetragen wird, umso größer werden die Risse. Die oberste Farbschicht nur einmal auftragen, eine Übermalung würde den Krakelee-Effekt zerstören.

4. Mit einer Schere die Weihnachtssternmotive möglichst exakt aus der Serviette ausschneiden und die oberste, bedruckte Lage vorsichtig abziehen.

5. Den Topf mit Aqua-Mattlack einstreichen. Die Serviettenmotive auf den noch feuchten Lack legen und vorsichtig überstreichen.

6. Jetzt das ganze Motiv nochmals mit Aqua-Mattlack lackieren. Dabei stets von der Motivmitte zum Rand hin streichen. Nicht zu oft über das Motiv streichen, da es im nassen Zustand schnell einreißen kann.

7. Auf diese Weise den ganzen Topf mit den Serviettenmotiven beziehen. Die Motive gut trocknen lassen.

8. Zum Schluss den ganzen Topf nochmals mit Aqua-Mattlack lackieren und ebenfalls gut trocknen lassen.

Siehe hierzu auch „Der Antik-Effekt – Servietten-Technik & Krakelieren" auf Seite 6.

Christsterne unterm Tannenbaum

Material:

- *Servietten Etoile de Noël cream green (L 77662, von Ihr)*
- *Marabu-Textil-Medium*
- *Tichdecke aus Baumwolle in Cremeweiß, ca. 80 x 80 cm*
- *Plastikfolie*
- *Haarpinsel*
- *Schere*

So wird es gemacht:

1. Die Serviettenmotive mit einer kleinen Schere möglichst exakt aus der Serviette ausschneiden und die oberste, bedruckte Lage vorsichtig abziehen.

2. Den Stoff vorher gründlich waschen, damit er appretur- und weichspülerfrei ist, anschließend glatt bügeln. Die Decke dann auf einer glatten, mit Plastikfolie ausgelegten Fläche ausbreiten.

3. Die Decke an den gewünschten Stellen mit Textil-Medium satt grundieren. Die Grundierung in der Größe des jeweiligen Serviettenmotivs mit einer Randzugabe von 1 cm um das Motiv herum auftragen.

4. Die Serviettenmotive direkt auf den noch feuchten Stoff legen, etwas andrücken.

5. Das Motiv ca. 1 cm über den Rand hinaus mit Textil-Medium übermalen. Anschließend die Decke gut trocknen lassen.

6. Zum Fixieren den getrockneten Stoff bei niedriger Temperatur ca. 3 Minuten von vorne durch ein dünnes Baumwolltuch bügeln.

Siehe hierzu auch „Servietten-Technik auf Stoff" auf Seite 4.

Tipp: Nach Aufbringen der Serviettenmotive die Decke nur schonend mit Feinwaschmittel von Hand waschen. Nicht schleudern oder wringen. Abgelöste Serviettenränder können mit Marabu-Textil-Medium wieder angeklebt werden. Die Gebrauchsanweisung des Herstellers beachten.

Idyllische Winterszene

Material:

- *Servietten Red Robin red (L 77910, von Ihr)*
- *Marabu-Aqua-Seidenmattlack*
- *Marabu-Fun Liner Magic in Weiß und Kirschrot*
- *Naturrahmen mit weißen Ästen*
- *Fotokarton in Weiß*
- *Klebepads*
- *Haarpinsel*
- *Schere*

So wird es gemacht:

1. Die unterschiedlichen Motive grob aus der Serviette ausschneiden und die oberste, bedruckte Lage vorsichtig ablösen.

2. Den Fotokarton mit Aqua-Seidenmattlack einstreichen. Die Serviettenmotive auf den leicht angetrockneten, aber noch feuchten Lack legen und vorsichtig glatt streichen. Trocknen lassen.

3. Die gut getrockneten Motive möglichst exakt ausschneiden. Anschließend einzelne Motivteile mit Fun Liner Magic in Rot und Weiß nachziehen. Die Farbe ca. 6 Stunden trocknen lassen.

4. Zum Aufschäumen der Plusterfarbe die Motive mit einem leistungsstarken Haartrockner (höchste Stufe/ mind. 1300 W) erwärmen, bis die Farbe matt und reliefartig aufschäumt.

5. Das Vogelmotiv aus der Serviette grob ausschneiden und die oberste, bedruckte Lage vorsichtig ablösen.

6. Den weißen Fotokarton mit Aqua-Seidenmattlack einstreichen. Die Serviettenmotive auf den leicht angetrockneten, aber noch feuchten Lack legen und vorsichtig glatt streichen. Trocknen lassen.

7. Das gut getrocknete Motiv möglichst exakt ausschneiden. Nun das jeweilige Vogelmotiv mit Klebepads exakt über den ersten Vogel kleben.

8. Die fertigen Motivszenen in dem Naturrahmen dekorieren.

Siehe hierzu auch „Servietten-Technik Grundkurs" auf Seite 2.

Für fröhliches Vogelgezwitscher

Material:

- *Servietten Red Robin red (L 77910, von Ihr)*
- *Marabu-Aqua-Mattlack*
- *Marabu-Decormatt Bastelfarbe in Weiß*
- *Marabu-Fun Liner Magic in Weiß und Kirschrot*
- *Tontöpfe*
- *Naturbast*
- *Haarpinsel*
- *Schere*

So wird es gemacht:

1. Die Töpfe mit Decormatt-Bastelfarbe in Weiß streichen und gut trocknen lassen. Falls nötig, eine zweite Farbschicht aufbringen.

2. Aus der Serviette eine Motivszene grob ausreißen und die oberste, bedruckte Lage vorsichtig ablösen.

3. Auf die weiß grundierten Töpfe nun Aqua-Mattlack punktuell aufstreichen, um das Motiv an der gewünschten Stelle zu fixieren.

4. Das Motiv auf den leicht angetrockneten, aber noch feuchten Lack legen und mit dem Pinsel andrücken.

5. Jetzt das ganze Motiv nochmals mit Aqua-Mattlack lackieren. Dabei stets von der Motivmitte zum Rand hin streichen. Trocknen lassen.

6. Mit Fun Liner Magic in Weiß und Rot die Beeren und Schneeflocken auftragen und mindestens 6 Stunden trocknen lassen.

7. Zum Aufschäumen der Plusterfarbe die Töpfe bei 150°C im vorgeheizten Backofen ca. 3 Minuten erhitzen, bis die Farbe matt und reliefartig aufschäumt.

8. Die Glocken mit Kokosband aufhängen.

Siehe hierzu auch „Servietten-Technik Grundkurs" auf Seite 2.

Tipp: Die Töpfe lassen sich ganz einfach mit selbst gemachtem Vogelfutter füllen. Pflanzenfett schmelzen und z. B. Sonnenblumenkerne untermischen, etwas abkühlen lassen und in die umgedrehten Töpfe füllen. Achtung: Das Loch im Boden vorher gut verschließen.

Originell verpackte Köstlichkeiten

Material:

- *Servietten Glorious Time cream (L 79260, von Ihr)*
- *Marabu-Aqua-Klarlack*
- *Marabu-Krakelee-Medium*
- *Marabu-Decormatt Bastelfarbe in Weiß und Vanille*
- *Modelliermasse Keramiplast light (von Lyra)*
- *Metalldosen in verschiedenen Größen*
- *Teigrolle*
- *Klarsichtfolie*
- *Haarpinsel*
- *Schere*
- *Cutter*
- *Heißkleber*

So wird es gemacht:

1. Die Dosen mit weißer Bastelfarbe grundieren und gut trocknen lassen.

2. Anschließend das Krakelee-Medium gleichmäßig auf Dosen und Deckel streichen und mindestens 4 Stunden trocknen lassen oder trocken föhnen.

3. Jede Dose mit der Bastelfarbe in Vanille zügig streichen. Die Farbe nur in einer Pinselrichtung auftragen, um eine gleichmäßige Rissbildung zu erzielen. Der Krakelee-Effekt entsteht nach wenigen Minuten. Die Dosen mindestens 1 Stunde trocknen lassen.

4. Nach dem Trocknen die Dosen nochmals ganz mit Aqua-Klarlack lackieren und ebenfalls gut trocknen lassen.

5. Die Weihnachtsmotive grob aus der Serviette ausschneiden und die oberste, bedruckte Lage vorsichtig ablösen.

6. Etwas Modelliermasse zwischen zwei Lagen Klarsichtfolie ca. 3-4 mm dick ausrollen. Die Folien wieder abziehen und die Modelliermasse gut trocknen lassen.

7. Die ausgeschnittenen Motive auf die Modelliermasse legen und mit Aqua-Klarlack einstreichen. Vorsichtig mit dem Pinsel glatt streichen und gut trocknen lassen. Die aufgezogenen Weihnachtsmotive mit einem Cutter möglichst exakt aus der getrockneten Modelliermasse ausschneiden. Die Ränder mit Bastelfarbe bestreichen, trocknen lassen.

8. Die Motive mit Heißkleber auf die vorbereiteten Dosen kleben. Zum Schluss die Dosen von innen mit Seidenpapier auslegen und mit Pralinen oder Keksen füllen.

Siehe hierzu auch „Der Antik-Effekt – Servietten-Technik & Krakelieren" auf Seite 6 und „Servietten-Technik & lufttrocknende Modelliermasse" auf Seite 3.

Tipp: Damit die Dosen lebensmittelecht bleiben, bitte nicht von innen bemalen oder bekleben.

Die besten Kochrezepte
Krakelee-Medium
Decormatt mat mate
aqua
Mattlack
Textil-Medium